# KYNOS HUNDEKOCHBUCH

Linda Stein

Linda Stein
Zeichnungen Eric Zipse

# KYNOS HUNDEKOCHBUCH

**Zum Wohle unserer vierbeinigen Familienmitglieder Ratschläge und Rezepte aus der kalten und warmen Küche. Vitaminreich - ernährungswissenschaftlich ausgewogen ... und der Geldbeutel wird nicht strapaziert.**

KYNOS VERLAG

Am Remelsbach 30
54570 Mürlenbach/Eifel
Telefon: 06594/653, Telefax: 06594/452

ISBN-Nr.: 3-924008-96-5

Druck: Druckerei Anders, Prüm/Eifel

# Inhalt



Sämtliche Mengenangaben der Rezepte sind berechnet für eine Hauptmahlzeit und entsprechen dem Bedürfnis eines mittelgroßen und gesunden, ausgewachsenen Hundes. Da Hunde, je nach Haltungs- und Bewegungsanspruch, unterschiedlichen Energiebedarf haben, muß dieser bei den Mengenangaben berücksichtigt werden.

# Zum Geleit

Seit Jahren werden wir immer wieder nach einem Hundekochbuch gefragt, das es den Hundebesitzern ermöglicht, ihren vierbeinigen Familienmitgliedern ein preiswertes, schmackhaftes und vor allem ausgewogenes Futter zu geben. Die Futtermittelindustrie bietet zwar heute eine große Vielfalt an Fertigfutter, um unseren Hund bequem und schnell zu ernähren. Sie garantiert auch, daß bei Langzeitfütterung mit ihren Produkten keine Mangelerscheinungen auftreten.

Vielen, ich meine zu vielen Hundebesitzern genügt eine solche Zusage, um diesen Teil der Hundehaltung als erledigt abzuhaken. Ihre Vierbeiner bekommen täglich Trockenfutter (oft noch das billigste) und eine große Schüssel Wasser hingestellt, dann und wann wird eine Dose Fertigfutter geöffnet, um eine kleine Abwechslung zu bieten. Damit meinen sie dann genug für ihre Lebensgefährten getan zu haben.

Wer denkt schon daran, daß Hunde, genau wie wir Menschen, die Abwechslung lieben, sogar die gleichen Dinge besonders gerne haben.

Immer wieder ernte ich erstaunte Gesichter, wenn ich erzähle, daß unsere Hunde große Obstliebhaber sind. Schon die Welpen fressen mit Begeisterung Bananen, Äpfel, Birnen, Trauben, usw. Bis auf einen ließ uns keiner unserer Hunde auch Apfelsinen alleine essen. Hunde sind, entgegen alten, immer wieder aufgewärmten „Erkenntnissen", ausgesprochene Mischfutterfresser, genau wie wir Menschen. Wichtig ist, daß die Mahlzeiten ausgewogen sind, sonst treten bei Mensch wie Hund Mangelerscheinungen auf. Haut und Haar zeigen sehr bald an, daß die Nahrung nicht richtig zusammengesetzt ist.

Die Meinung, daß Hunde keinen Wert auf Geschmacksvielfalt legen, ist nach langjährigen Foschungsarbeiten der Futtermittelindustrie ebenso falsch, wie die überkommenen Ansichten über die Bedeutung der verschiedenen Inhaltsstoffe. Detaillierte Informationen hierzu in Dr. Roger Mugford: Hundeerziehung 2000 (siehe Buchempfehlungen).

Könnte sich unser Hund seine Mahlzeiten selbst frei aussuchen, würde ihm sein Instinkt, der trotz anderer Vermutungen doch nicht herausgezüchtet werden konnte, den richtigen Weg zeigen. Sie glauben das nicht? Dann lesen Sie was Dr. Mugford zu diesem Thema bei seinen Recherchen in den Slums von St. Louis, Missouri, entdeckt hat. Wenn man in seinem Buch dann noch die Forschungsergebnisse über den Einfluß bestimmter Nahrungsmittel auf das Verhalten liest, weiß man erst, welche Bedeutung die Ernährung für die Gesundheit, Lebenserwartung, ja das gesamte Leben unserer Hunde hat. Schon im 1 x 1 der Hundehaltung von Andrew Edney / Roger Mugford, das unser Tierarzt als „Lebensversicherung für Hunde" bezeichnet, lesen wir, wie wichtig die unterschiedliche Ernährung in den verschiedenen Lebensaltern (nicht nur für Hunde) ist. Ernährungsprobleme werden heute schon in vielen Publikationen, gespickt mit Tabellen über Richtwerte für die Nährstoffanteile im Hundefutter, diskutiert. Mit all den Prozent- und Kalorienangaben können nur die wenigsten Hundebesitzer etwas anfangen. Deshalb wollen wir uns in diesem Buch darauf beschränken, einige wichtige Denkanstöße zu geben. Jeder echte Hobbykoch wird sie für seinen Hund schon richtig umsetzen.

1. Hunde haben je nach Alter, Größe und Bewegung unterschiedlichen Energie- und damit Futterbedarf. Streßsituationen erhöhen den Energiebedarf. Dazu kommt das rassespezifische „Nervenkostüm"! Der ruhige Gemütsathlet, wie zum Beispiel die Molosser, verbrennt weniger Energie, als ein spritziger Terrier oder Windhunde, Dobermänner und ähnlich bewegungsfreudige Rassen. Wer seinen Hund genau beobachtet findet sehr schnell heraus, ob er ihn optimal ernährt.
2. Hunde brauchen genau wir wir nicht täglich Fleisch, auch sollte der Fleischanteil nicht zu hoch sein. Die Rezepte zeigen das Verhältnis an.
3. Ein wichtiger Bestandteil der Ernährung ist die Milch. Hier ist zu beachten, daß Hunde spätestens ab dem sechsten Lebensmonat nicht mehr in der Lage sind, die Milch beim Ver-

dauungsvorgang zu säuern. Der Grund ist, daß sich eine Drüse, die nur in den ersten Lebenswochen arbeitet, zurückbildet und nicht mehr arbeitet. Also müssen wir Menschen diese Aufgabe übernehmen, indem wir die Milch mit Joghurt, Quark oder Hüttenkäse vorsäuern. Daß Hunde Süßes lieben, hat wohl schon jeder Hundefreund erfahren. Honig und Traubenzucker machen das Milchfutter, ganz gleich ob mit Reis, Bruchzwieback oder fein ausgewalzten Bioflocken, zum Festmahl, dem ab und zu ein rohes Eigelb zugefügt werden kann.

4. Abwechslung im Futterangebot macht Appetit und hält fit! Wir füttern in einem Vier-Tage-Rhythmus, den wir aber durch die vielen leckeren Rezepte von Linda Stein erweitern können. Die Einbeziehung von industriell angebotenem Fertigfutter in den Speiseplan ist besonders wichtig! Nicht nur weil das Zubereiten bequemer wird, sondern weil Futterumstellungen bei Reisen oder Abwesenheit des „Kochs" zu schweren Verdauungsstörungen führen können. Ist der Hund aber auch an Fertigfutter wie Dosen oder Trockenfutter gewöhnt, gibt es keine Probleme. Wir kennen das von jahrzehntelangen Urlaubsreisen. Aus eigener Erfahrung, wie auch den allabendlichen telefonischen Problemberatungsgesprächen möchte ich noch einen, wie ich meine sehr wichtigen Rat geben: Trockenfutter immer eingeweicht geben! Entweder mit Knochenbrühe oder auf Reisen in heissem Wasser. Nur so kann man die Futtermenge genau erkennen.
5. Denken Sie immer daran: zu viel Futter ist für Ihren Hund ebenso schädlich wie zu wenig! Zu viel Gewicht schädigt den Bänderapparat und das Herz - verkürzt die Lebenserwartung.
6. Streitthema Knochen: unsere fast vierzigjährige Erfahrung ist, daß ein großer Rinder- oder Kalbsbeinknochen mit Gelenkköpfen, jeweils dem Hund nur über etwa eine Viertelstunde überlassen, die Zähne reinigt, viel Spaß macht und so auch einige Tage hält, ohne Verstopfung zu bewirken. Alle unsere Hunde hatten bis ins hohe Alter gute Zähne und kaum Zahnsteinbelag, ohne daß wir ihre Zähne je geputzt haben. Das besorgten Knochen und grobe Hundekuchen. Denken Sie aber immer daran: sind

die Gelenkköpfe abgenagt - gehört der Röhrenknochen in die Biotonne (Splittergefahr).

7. Schweinefleisch - ja oder nein? Hammel - Lamm - Geflügel. Die tödliche Gefahr bei rohem Schweinefleisch ist der Aujetzky-Virus. Sie können ihn aber ausschalten, indem Sie das Fleisch gut durchkochen oder die schweinefleischhaltigen Produkte wie Mett und Bratwurst sowie Fleischwurst usw. gut durchbraten. Gekochte Schweineöhrchen und die Kochbrühe schmecken jedem Hund. Geflügelfleisch muß wegen der Salmonellengefahr ebenfalls gekocht werden. Rindfleisch füttern wir immer roh. Hammel- und Lammfleisch sind besonders für Diätkost bei Hautkrankheiten und Nierenstörungen zu empfehlen.
8. Trockenfisch, trocken als „Betthupferle" gegeben ist bei Fleischallergie, unter der immer mehr Hunde leiden und die zu schweren Hautproblemen führt, die ideale Futterergänzung. Hier hilft eine Vollreisdiät, die man recht abwechslungsreich gestalten kann (siehe Anhang).
9. Grundlage, nicht nur der meisten Diätmahlzeiten, ist ungeschälter, ungebleichter Vollkornreis.
   Hier ist es wichtig, den Reis in viel Wasser so lange köcheln zu lassen bis er pappig-glitschig ist - wie wir ihn nicht mögen. Der Hund kann ihn aber nur so verdauen! (Ist uns unser Reis mißglückt, kann er ins Hundefutter entsorgt werden).
   Alle festkochenden Gemüsearten werden auch nur 10 Minuten gekocht, dann aber geknetet oder pürriert. So bleiben die Vitamine erhalten und das Gemüse kann völlig verdaut werden.

Bei der Durchsicht der Rezepte habe ich einen solchen Appetit bekommen, daß ich Ihnen am Ende der Einleitung noch einen Tip geben möchte. Da Ihre Hunde Ihnen bestimmt nichts von den Mahlzeiten abgeben werden empfehle ich, gleich so viel zu kochen, daß Herrchen und Frauchen sich am Schmaus beteiligen können. Und nun viel Spaß beim Kochen für den Hund und -
Guten Appetit!

Mürlenbach, im November 1993 Helga Fleig

# Vorwort

Lieber Hundefreund und Leser, Sie werden sich sicherlich fragen, was mich dazu bewegt hat, ein Kochbuch für Hundemahlzeiten zu schreiben, wo es doch Dosen mit den verschiedensten Futterinhalten gibt. Nun, mit der Hundefutterdose ist es halt wie mit den Dosen für uns Menschen: man braucht sie, wenn's schnell gehen soll oder wenn man gerade keine Gelegenheit zum Kochen hat. Der Geschmack, die Vielfalt an Vitaminen und die Frische lassen sich aber mit der Dosenkost nicht erreichen.
Zufällig besteht der Kreis meiner Freunde und Bekannten hauptsächlich aus Hundebesitzern. Einige unter ihnen sind sogar mit Leib und Seele Hobbyköchinnen und -köche. Es fallen ihnen die tollsten Speisen und phantasievollsten Kreationen ein, wenn es darum geht, ihre zweibeinigen Familienmitglieder und Freunde zu beglücken. Doch vor der Frage „was koche ich meinem Hund?" sehe ich sie immer etwas ratlos. Demzufolge kommt der Hund zu kurz. Das war der Punkt, an dem mir einfiel, ein Hundekochbuch zu machen.
Ich habe also im Geiste alle meine Hunde, die ich in den letzten 24 Jahren hatte, aufmarschieren lassen und mir von jedem einzelnen Liebling seine Leibgerichte ins Gedächtnis zurückgerufen. Da alle meine Tiere meine Küche sehr gelobt haben, ist dieses Rezeptbüchlein dabei herausgekommen. Ein bißchen stolz bin ich auf die Tatsache, daß ich sie richtig und gut ernährt habe, ein Beweis ist sicher auch das sehr hohe Alter, das alle erreicht haben. Auch viele kränkelnde und kranke Hunde, die ich aus dem Tierheim geholt habe, sind durch Vollwertkost (wie für den Menschen) gesund geworden. Das soll nicht heißen, daß es ohne Tierarzt geht, wenn der Hund nur das Richtige zu Fressen hat. Jeder Hund muß im Laufe seines Lebens mehrmals zum Tierarzt. Aber jeder Hundebesitzer kann und muß darauf achten, daß sein Vierbeiner alle Stoffe, die er braucht - Fette, Kohlehydrate, Proteine, Vitamine, Mineralien und Rohfasern - in ausgewogener Menge erhält.
Nichts gegen die Dosenkost. Sie wird nach wie vor eine nicht

unerhebliche Rolle in der Hundeernährung spielen. Aber ab und zu, wenn nicht sogar häufiger, sollten Sie sich der geringen Mühe unterziehen und Ihrem Vierbeiner etwas Leckeres kochen.

Viele Frauchen und Herrchen glauben, daß es immer eine Fleischmahlzeit sein muß. Aber Waldi, Cäsar und Bella mögen auch sehr gerne ein vegetarisches Gericht, wenn es nur mit Liebe zubereitet ist.

Aufgrund des bewußt einfach gehaltenen Rezeptaufbaus können Sie aus preiswerten Zutaten etwas zaubern, was Ihr Hund mit Genuß verspeisen wird.

In der Regel gilt, einem ausgewachsenen und gesunden Hund pro Tag eine kleinere und eine Hauptmahlzeit zu geben. Die Fütterung von Welpen und heranwachsenden Hunden ist hier nicht behandelt, da sie von Rasse zu Rasse variiert. Auf Spezialliteratur wird verwiesen. Die kleinere Mahlzeit ist das Frühstück - Vorschläge dazu Seite 101 - und wird nach dem Morgenspaziergang gegeben.

Günstiger Zeitpunkt für die Hauptmahlzeit ist der späte Nachmittag.

1-2 Stunden nach der Hauptmahlzeit freut sich der Hund auf den gemeinsamen Spaziergang am Abend.

Eine Schale mit frischem Wasser muß, wenn man nicht zu Hause ist, jederzeit bereitstehen. Es soll nicht zu kalt sein.

Verwenden Sie nur frische Zutaten und vermeiden Sie, dem Hund das anzubieten, was schon an der Grenze der Haltbarkeit ist. Wenn Sie allerdings eine Kühltruhe besitzen, können Sie größere Mengen günstiger Sonderangebote einkaufen, portionieren, einfrieren und nach Bedarf verwenden. Vor allem Berufstätigen wird diese Methode hilfreich und nützlich sein.

Linda Stein

# Wichtige Hinweise zur richtigen Zusammensetzung einer Hundemahlzeit

Für den ausgewachsenen und gesunden Hund gilt:
Fleisch: Nie eine reine Fleischmahlzeit geben. Der Fleischanteil an einer Mahlzeit soll für einen erwachsenen Hund höchstens 1/3 betragen. (Für einen Junghund dagegen dürfen es 2/3 sein). Das Schweinefleisch soll stets gekocht und kleingeschnitten sein.
Sehr gut eignet sich mageres Muskelfleisch vom Rind, Hammel/Lamm, Kalb oder Wild. Pansen, Herz und Leber gekocht stellen eine schmackhafte Abwechslung im Speiseplan dar.
Sehr gesund und beliebt bei jedem Hund sind gekochtes Hühnerfleisch (Hühnerbrühe) und gekochter Fisch.
Wenn Sie Fleisch oder Fisch anbraten, benutzen Sie natives, nicht durch Erhitzen gewonnenes Pflanzenöl (Olivenöl, Sonnenblumenöl). Es ist für den Hund ebenso wertvoll wie für den Menschen.
Die restlichen 2/3 einer Mahlzeit sollen aus Getreideprodukten und Gemüse bestehen. Geeignet sind ungeschälter Vollkornreis, Haferflocken, Weizenflocken oder Mais gekocht. Besonders breit ausgewalzte Getreideflocken mit Gemüse aus dem Fachgeschäft sind gut geeignet.
Das Gemüse soll nie länger als 10 Minuten bei geringer Hitze gedünstet sein. Verwenden Sie dafür natives Pflanzenöl (Olivenöl, Sonnenblumenöl); oder Sie garen das Gemüse in wenig Wasser. Anschließend benutzen Sie das Garwasser zum Überbrühen.
Als wertvolle Zusätze zu jeder Mahlzeit verwenden Sie Bierheflocken (nicht mitgekocht), Weizenkleie, pro Woche 2 Eier. Auch eine kleine Prise Salz verträgt der Hund gut.
Bei Milchprodukten gilt: Hüttenkäse, Quark oder Joghurt mit und ohne Fruchtanteil sind immer richtig (siehe kleines Frühstücksgerichte S. 101).
Sie dienen zur Säuerung der Milch, da der Hund ab dem 5. Le-

bensmonat Milch ungesäuert nicht mehr aufschließen kann. Die Folge ist Durchfall!
Ich habe mir einen Hundefrühstücksplan aufgestellt, mit dem ich seit Jahren sehr gut fahre:

an einem Tag ein Wurstfrühstück
- Beispiele S. 101

am nächsten Tag ein Milchfrühstück
- Beispiele S. 101

am darauffolgenden Tag ein paar Hundekuchen, möglichst grob. Für die Gesunderhaltung der Zähne und der Kaumuskulatur sind diese groben Hundekuchen sehr wichtig und der Hund hat Spaß daran, sie zu zerlegen - je größer sie sind, desto lieber. Auch ein Stück altes, sehr hartes Brot ist gut für die mechanische Zahnreinigung.
Kochen Sie ab und zu eine gute Knochenbrühe, die Sie dann zum Überbrühen von Flocken verwenden. Werfen Sie die Knochen anschließend weg. Zum Reinigen der Zähne und der Befriedigung des natürlichen Kauinstinktes kann man dem Hund von Zeit zu Zeit einen Rinder- oder Kalbsknochen mit Gelenkköpfen geben. Nach dem Abnagen der Gelenkköpfe den Röhrenknochen wegwerfen. Zu viel Knochenfütterung führt zu hartem Kot.

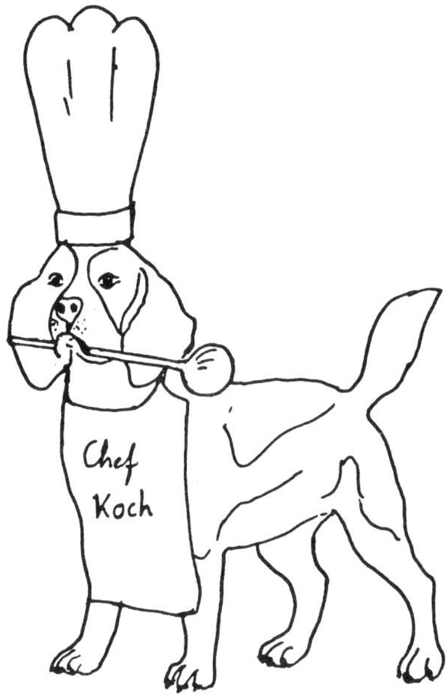


*Chefkoch maitre Chateaubriand stellt seine Küchenbrigade vor*

*Knurz Wum Toni Sigi Schlapp Alfred Charly*

Mein Frauchen kocht mir täglich mein Lieblings-gericht - das ist wahre Liebe ♥

# FLEISCHGERICHTE

## Rindfleisch mit Kartoffeln

**Zutaten:**
5 mittelgroße Kartoffeln
3 Tassen Gemüsebrühe
1/2 Bund Petersilie
1 Dose Rindfleisch, 300 g
(aus dem Supermarkt)

**Zubereitung:** Kartoffeln kochen und pürieren. Anschließend in die heiße Gemüsebrühe einrühren. Das Fleisch zerkleinern und unter die Kartoffeln mischen. Die kleingeschnittene Petersilie unterrühren. Auskühlen lassen und servieren.

**Klein im Preis —**
**groß im Geschmack!**

Maxi
Dixi
Boni

# Gekochtes Herz mit Reis, Zucchini

**Zutaten:** 1/2-1 Herz
1 Suppentasse Reis, ungeschälter Vollkornreis
die Hälfte eines kleinen Zucchino
1 Gemüsebrühwürfel
1 Lorbeerblatt

**Zubereitung:** Das Herz in Wasser mit einem Lorbeerblatt und dem Suppenwürfel weichkochen. Den Reis in 2 Tassen Wasser garen. Zucchino in kleine Würfel schneiden und 10 Minuten vor Beendigung der Garzeit dem Reis beifügen. Das in Würfel geschnittene Herz, Reis und Gemüse mischen und servieren.

Im Gegensatz zum Menschen kann der Hund Reis nur aufschließen, wenn er lange mit viel Wasser geköchelt hat und richtig pappig geworden ist. Nötigenfalls Wasser nachgießen. Bei dem Fleischanteil immer an das richtige Verhältnis denken! Reis und Wassermenge kann variiert werden.

*Ich gehe gerne mit Frauchen in's*
*Gourmet-Restaurant*

# Gekochtes Herz mit Flocken, Lauch

Sie können dafür Hundeflocken oder Haferflocken nehmen. Hundeflocken werden, da fein ausgewalzt nicht mitgekocht, sondern nur mit der Brühe eingeweicht. Haferflocken müssen mitgekocht werden, da der Hund sie roh nicht aufschließen kann.

**Zutaten:**

1-2 Schweineherzen
2 Suppentassen Haferflocken,
Hundeflocken, Menge nach Bedarf
1/2 Stange Lauch
1 Gemüsebrühwürfel

**Zubereitung:**

Das Herz in Wasser mit dem Suppenwürfel weichkochen. Etwa 10 Minuten vor Ende der Garzeit die Lauchstange kleingeschnitten dazugeben. Das Herz herausnehmen, kleinwürfeln und mit den Flocken in die Brühe geben. Mit einem Löffel Sonnenblumenöl gemischt servieren.

*Gut essen und dann ein Nickerchen machen*
*c'est la vie*

# Gekochtes Herz, Suppennudeln und geraspelte Möhren

**Zutaten:**
1 Rinderherz
2 Tassen dünne Suppennudeln
1 Möhre
1 Brühwürfel mit Sonnenblumenöl
oder Knochenbrühe

**Zubereitung:** Herz in Wasser mit einem Gemüsebrühwürfel garen. In einem anderen Topf Suppennudeln weichkochen. Das gegarte Herz in Würfel schneiden. Nudeln mit Brühe übergießen, Öl zugeben. Alles mischen und die geraspelte rohe Möhre unterziehen. Servieren.

*Herr Ober, zum Nachtisch bitte*
*Mousse au Leberwust*

# Leber mit Haferflocken und und gedünstetem Chicorée

**Zutaten:** 2-3 Scheiben Rindsleber
6 Eßlöffel Haferflocken oder
2 Tassen fein ausgewalzte Hundeflocken
1 kleiner Chicorée
Bratensauce aus der Tube

**Zubereitung:** Die Leber in Sonnenblumenöl braten und kleinschneiden. Eine Tasse Wasser hinzufügen. Etwas Bratensauce aus der Tube einrühren. Die gekochten Haferflocken, oder Hundeflocken ohne Vorkochen dazugeben und mischen. Den kleingeschnittenen Chicorée kurz in ganz wenig Wasser dünsten und unterziehen. Servieren.

*Sag doch nicht immer Dicker zu mir*

# Leber mit Haferflocken und gedünsteten Tomaten

**Zutaten:**

2-3 Scheiben Rindsleber
5 Eßlöffel Haferflocken oder feingewalzte Hundeflocken, Menge nach Bedarf
2 Tomaten
Bratensauce aus der Tube

**Zubereitung:**

Die Leber kleinschneiden und in wenig Öl gut durchbraten. Die Tomaten mit kochendem Wasser übergießen, enthäuten, kleinschneiden und vor dem Zufügen des Wassers kurz mitdünsten. Eine Tasse Wasser hinzufügen. Etwas Bratensauce aus der Tube hineindrücken und verrühren. Die Haferflocken kochen (die Hundeflocken ungekocht) in die Mahlzeit einrühren. Gut abkühlen lassen. Servieren.

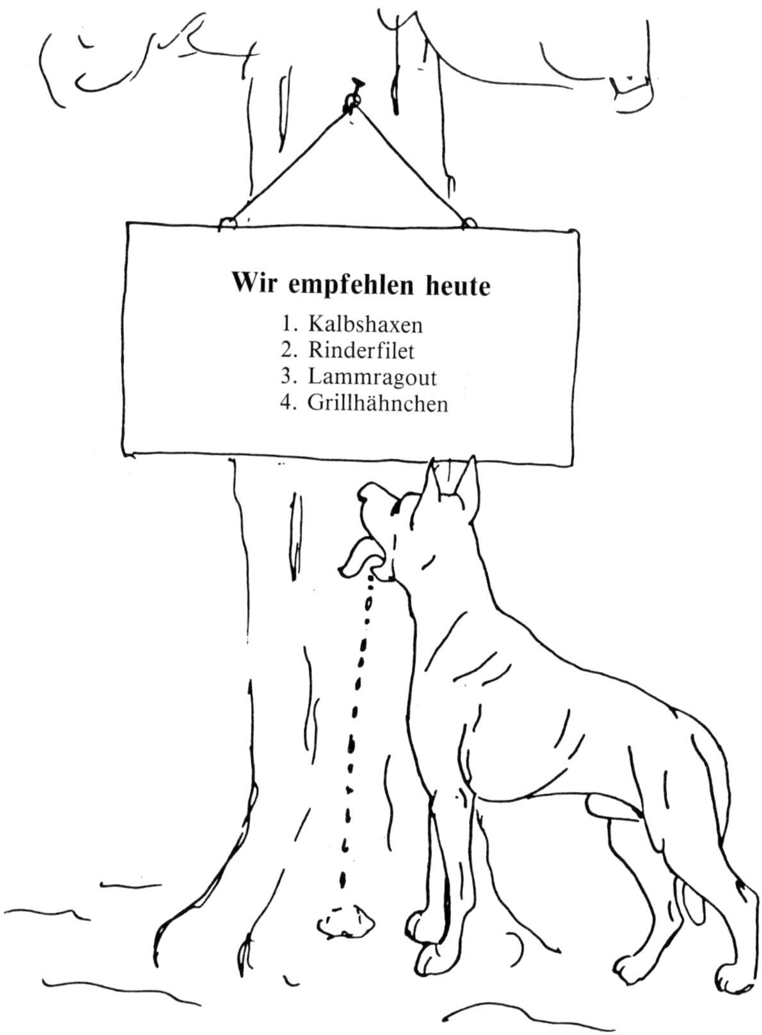
Wir empfehlen heute
1. Kalbshaxen
2. Rinderfilet
3. Lammragout
4. Grillhähnchen

# Gebratene Leber mit Reis

**Zutaten:** 3 Scheiben Leber
(Rind oder Schwein)
1 Suppentasse Reis
Instant-Bratensauce aus der Tube

**Zubereitung:** Wenig Sonnenblumenöl oder -margarine heißmachen. Die Leber von beiden Seiten schnell darin anbraten. Schweineleber gut durchbraten. Mit einem Glas Wasser ablöschen. Etwas Bratensauce aus der Tube hineindrücken. Den Reis in 2 Tassen Wasser weichkochen. Leber, Sauce und Reis mischen, gut auskühlen lassen und servieren.

Tante Zita's Dackelmischung „Josephine" versuchte immer auf den Herd zu springen, sobald der Duft dieser Köstlichkeit in ihre Nase zog.

*Zu schade, diesen schönen Schinken in Fleckerl zu schneiden - am Stück wär er mir lieber!*

# Schinkenfleckerl (Stückchen)

**Zutaten:**

150 g Vollkornnudeln
4 Scheiben gekochter Schinken
2 Eßlöffel Sonnenblumenöl
1 geraspelte Möhre oder
Olewo Trockenmöhren

**Zubereitung:**

Die Nudeln in Wasser weichkochen. In einer Pfanne das Öl erhitzen und die in kleine Fleckerl geschnittenen Schinkenscheiben darin anbraten. Die sehr gut abgetropften Nudeln und die Möhren dazugeben. Gut auskühlen lassen und servieren.

*Das ist „Charly der Gefräßige"*
*Er war der Erfinder des Hundekuchens.*

# Gekochtes Suppenfleisch, Lauch mit Flocken

| | |
|---|---|
| **Zutaten:** | 400 g Suppenfleisch<br>(aus einem billigen Angebot)<br>1 Stange Lauch<br>Haferflocken oder Hundeflocken<br>1 Suppenwürfel |
| **Zubereitung:** | Suppenfleisch in Wasser mit Brühwürfel weichkochen. Lauchstange kleinschneiden und in der Brühe etwa 10 Minuten garen. Suppenfleisch in Würfel schneiden, Brühe an die Flocken gießen (Haferflocken vorkochen). Alles mischen, gut auskühlen lassen und seriveren. |

Wenn mein Charly, der Mischlingshund aus dem Tierheim, diese leckere Mahlzeit beendet hatte, schob er den leeren Teller durch die ganze Küche, um zu zeigen, daß er noch viel mehr davon vertragen könnte.

*Bin eine Lady, immer elegant.*
*Im Restaurant küßt jeder Ober mir die Hand.*
*Geh niemals ohne Make-up auf die Straße.*
*Und pudre ganz dezent mir meine Nase.*
*Schon manchem Hund hab ich den Kopf verdreht,*
*geliebt, geflirtet bis es nicht mehr geht.*
*Doch sag ich es ganz ohne Scheu:*
*Nur meinem Frauchen bin ich wirklich treu.*

# Suppenfleisch mit Linsen

**Zutaten:** 1 Suppentasse Linsen
400 g Suppenfleisch
Flüssiges Zwiebelgewürz (Maggi)

**Zubereitung:** Linsen am Vorabend in Wasser einweichen. Am nächsten Tag mit Wasser (1 Fingerbreit über den Linsen) auffüllen und aufsetzen. Suppenfleisch in Stückchen schneiden und mit den Linsen zusammen weichkochen (etwa 30 Minuten). Zwiebelgewürz zugeben, abkühlen lassen und servieren.

Dieser Gaumenschmaus bringt jedes Hundeherz zum Jubeln.

*Vetter Moritz hat sein Leben lang vergessen,*
*rohe Möhren für sein Augenlicht zu essen.*

*Jetzt ist er wirklich zu beklagen -*
*der arme Hund muß eine Brille tragen!*

# Rinderhackfleisch gebraten mit Reis, rohe Möhre

**Zutaten:** 250 g Rinderhack
1 Suppentasse Reis
1 Möhre

**Zubereitung:** Rinderhack in wenig Öl oder Margarine leicht anbraten. Reis in Wasser pappig kochen. Hackfleisch und Reis mischen. Die feingeraspelte Möhre dazugeben. Auskühlen lassen und servieren.

Achten Sie immer darauf, daß das Fressen gut abgekühlt ist.

*Der Kasimir war gar ein fetter Mops*
*sein Leibgericht war Königsberger Klops.*

*Er fraß sie zwei, drei Jahre schon,*
*bis er platzte wie ein Luftballon.*

# Gebratenes Hackfleisch mit Kraut Weißkohl

**Zutaten:** 300 g gemischtes Hackfleisch
einige zarte Krautblätter (Weißkohl)
natives Sonnenblumenöl
gekochter Reis

**Zubereitung:** Hackfleisch im Öl anbraten, Krautblätter in feine Streifen schneiden, dazugeben und in wenig Knochenbrühe weichdünsten. Eventuell Knochenbrühe nachgeben. Mit dem weichgekochten Reis und etwas flüssigem Zwiebel- und Knoblauchgewürz vermischen, auskühlen lassen und servieren.

# Hackfleisch mit Reis

**Zutaten:**

200 g Hackfleisch (nur Rind)
1 Scheibe Toastbrot oder Semmelbrösel (Paniermehl)
1 Ei
2 Eßlöffel Möhrenraspel
1 Suppentasse Reis

**Zubereitung:**

Toastbrot in Wasser einweichen und gut ausdrücken. In einer Schüssel Hackfleisch, Brot und Ei mischen. Die Masse in wenig Öl leicht anbraten. Den Reis gut garen. Möhrenraspel und Fleischmasse vorsichtig unter den Reis mischen. Servieren. Verwendet man statt Toastbrot Paniermehl, wird dies trocken unter die Fleisch-Einmischung geknetet.

*Gib mir deine Wurst, dann kriegst du meinen Kauknochen*

# Bratwurst mit Suppennudeln

**Zutaten:** 1 Paar Bratwürste
(manchmal bekommt man sie billig im Sonderangebot)
2 Kaffeetassen Suppennudeln

**Zubereitung:** Bratwürste in Sonnenblumenöl gut durchbraten. Sobald sie schön braun sind mit 1 Tasse Knochenbrühe ablöschen. Würste herausnehmen und in Scheiben schneiden, Brühe andicken. Die gekochten Nudeln und Bratwurstscheiben dazugeben. 1 ganze geraspelte Möhre oder Olewo-Trockenmöhren (nach Vorschrift) untermischen.
Die Mahlzeit kann mit verschiedenem Gemüse variiert werden.

*Schon wieder dreieinhalb Kilo zuviel!*

# Bratwurst mit Zucchini oder Salatgurke

**Zutaten:**

1 Paar Bratwürste
(billig aus dem Supermarkt)
1 großer Zucchino oder
1/2 Salatgurke
1 Tasse pappig gekochten Reis

**Zubereitung:**

Wurst in Öl oder Margarine anbraten und in Stücke schneiden. Zucchino oder entkernte Gurke kleinschneiden und mit der Wurst in die Pfanne geben. Noch etwa 6-10 Minuten dünsten lassen und den gekochten Reis untermischen.

*Gelegenheit macht Diebe*

# Fleischwurst mit gedünsteten Möhren

**Zutaten:**

1 Stück oder 1 Ring Fleischwurst (billig aus dem Supermarkt)
3 Möhren
1 Eßl. Bierhefeflocken (Reformhaus)
1/2 Tasse Reis

**Zubereitung:** Die Fleischwurst mit kochendem Wasser übergießen, um sie heiß zu machen. Möhren in Scheiben schneiden, in ganz wenig Wasser dünsten und pürieren. Die Wurst häuten, in Stückchen schneiden (würfeln) und mit den Möhren und dem pappig gekochten Reis mischen. Die Bierhefeflocken dazugeben und servieren.

Noch am Vorabend ihres letzten Lebenstages genoß meine fast 17jährige „Prinzessin" diesen Schmaus mit großer Freude.

*Die Blume bekommt Frauchen - sie ist die beste Köchin der Welt*

## Gebratene Fleischwurst in Brühe mit Reis und geraspelter Möhre

**Zutaten:**

1 Stück Fleischwurst
1 Suppentasse Reis
1 Möhre
Knochenbrühe

**Zubereitung:** Fleischwurst enthäuten, in kleine Würfel schneiden und in Margarine oder Sonnenblumenöl goldbraun anbraten. Mit einer Tasse Knochenbrühe ablöschen. Den Reis in reichlich Wasser köcheln lassen, bis er pappig ist und zur Fleischwurst geben. Feingeraspelte Möhre unterrühren. Abkühlen lassen und servieren.

*Wollte heimlich mich bedienen*
*mit den schönen Schnapspralinen.*

*Nach der zehnten war mir schlecht -*
*Frauchen schimpft: geschieht dir recht!*

# Kochwurst mit Linsen

**Zutaten:** 1 Suppentasse Linsen
1 Eßlöffel Hefeflocken
(Bierhefeflocken aus dem Reformhaus)
1 große Kochwurst, ca. 250 g

**Zubereitung:** Linsen am Vorabend ganz mit Wasser bedeckt einweichen. Am nächsten Morgen kochen. Nach 25 Minuten Kochzeit die in Stücke geschnittene Wurst zugeben und weitere 10 Minuten köcheln, Hefeflocken unterrühren, auskühlen lassen und servieren.

Unter uns gesagt: schmeckt so gut, daß Sie es auch Ihrem Mann anbieten können. Für ihn dürfen Sie noch etwas Essig und gebratene Zwiebel hineinrühren. (Wenn Sie Hund und Mann sehr lieben, darf es auch eine teurere Wurst sein.)

*Ham Sie für Ihr Geschirr noch keinen Automat,*
*so geb' ich Ihnen diesen guten Rat:*
*ein Hund, der eine nasse Zunge hat*
*und nicht zu klein,*
*spült das Geschirr genauso gut und strahlend rein.*

# Gebratener Fleischkäse, Reis und Knochenbrühe

**Zutaten:** 1-2 Scheiben Fleischkäse
1 Suppentasse Reis
Knochenbrühe, Gemüse

**Zubereitung:** Fleischkäse kleinschneiden und in wenig Öl oder Margarine anbraten. Reis in reichlich Knochenbrühe weichkochen, beides mischen und servieren. Knochen wegwerfen. Alle Arten von Gemüse (ungewürzte Reste) ergänzen die Mahlzeit.

*Ist das ein Hundekuchen, Papi?*

# Corned Beef mit Reis

**Zutaten:** 1 kleine Dose Corned Beef (ca. 150 g)
1 Suppentasse Reis
1 Eßl. Sonnenblumenöl
1/4 eines kleinen Blumenkohls

**Zubereitung:** Den Reis in reichlich Wasser weichkochen. Abkühlen lassen. Das Corned Beef zerhacken und mit dem Öl und dem 10 Minuten gekochten Blumenkohl unter den noch warmen Reis mischen. Servieren.

Das Gericht kann, je nach der Größe des Hundes in der Mengenangabe nach oben variiert werden.

*Fata Morgana*

# Hühnerragout mit Gemüse und Reis

**Zutaten:** Hühnerklein und Hühnermägen
1 Möhre und 1 Lauchstange
1 Tasse Reis

**Zubereitung:** Hühnerklein und -mägen in 1/2 l Wasser gar kochen. Etwa 10-15 Minuten vor der Garzeit die Möhre und das Lauch dazugeben. In der Zwischenzeit den Reis in reichlich Wasser weichkochen. Das Hühnerfleisch von den Knochen lösen und, wie die Mägen, kleinschneiden. Die Hühnerbrühe durch ein feines Sieb schütten, damit keine Splitter zurückbleiben. Gemüse fein zerkleinern und alles mit dem Reis vermischen. Mit der Brühe auffüllen. Handwarm füttern.

*Mein Frauchen hat wohl ganz vergessen;*
*ich mag kein aufgewärmtes Essen.*
*Ich hab am liebsten alles frisch -*
*wenn's sein muß, sogar Herrchen's Fisch.*

# FISCHGERICHTE

## Tiefkühl-Fischstäbchen mit Reis

**Zutaten:** 8 Fischstäbchen
1 Suppentasse Reis
2 Möhren

**Zubereitung:** Fischstäbchen in wenig Öl auf jeder Seite 5 Minuten durchbraten lassen. Reis in reichlich Wasser weichkochen, Möhren raspeln, alles abkühlen lassen und servieren.

Versichern Sie sich bei jedem Fischgericht, daß sich keine Gräten darin befinden.

*Worüber wird getratscht?*
*Natürlich über's Essen.*

# Tiefkühl-Fischstäbchen mit Zucchini oder Salatgurke, Kartoffelbrei

**Zutaten:**

8 Fischstäbchen
1 mittelgroßer Zucchino oder
1/2 entkernte Gurke
3 gekochte Kartoffeln
Margarine
Knochenbrühe

**Zubereitung:**

Fischstäbchen in wenig Öl von jeder Seite 5 Minuten braten. Zucchino oder Gurke kleinschneiden und in einer zweiten Pfanne goldbraun braten. Die gekochten und geschälten Kartoffeln durch die Presse drücken, in heiße Margarine geben und einmal durchrühren.
Knochenbrühe angießen und mit dem Schneebesen gut durchschlagen. Alles mischen und servieren.

*Ich war zuerst da!*

# Tiefkühl-Fisch mit Kartoffelpürée und Blumenkohl

**Zutaten:**

1 Paket Tiefkühl-Fisch, 300 g
1 Paket Kartoffelpürée-Flocken
(3 Tassen Flocken)
1/2 kleiner Blumenkohl
Sonnenblumenöl

**Zubereitung:**

Den tiefgefrorenen Fisch in wenig Öl von beiden Seiten anbraten, zerpflücken und genauestens nach Gräten untersuchen! Das Kartoffelpürée zubereiten, dabei aber etwas weniger Wasser verwenden, als in der Packungsvorschrift steht, da am Schluß das Blumenkohlwasser dazu kommt. (Für einen mittelgroßen Hund brauchen Sie ca. 6 Tassen Flüssigkeit und 3 Tassen Püréeflocken.)

Den zerkleinerten Blumenkohl in wenig Wasser garen. Anschließend mit dem Garwasser unter das Pürée mischen. Sobald es etwas ausgekühlt ist, den Fisch unterheben. Servieren.

*Nach dem Essen Jogging, das hält fit*

# Fischfrikadellen mit Reis

| | |
|---|---|
| **Zutaten:** | 1 Paket Tiefkühlfisch<br>1 eingeweichtes Brötchen<br>1/2 Möhre, 1/2 Zwiebel<br>1 Ei<br>1 Suppentasse Reis<br>evtl. Mehl zum Wenden |
| **Zubereitung:** | Den tiefgekühlten Fisch in wenig Öl durchbraten, zerpflücken und genauestens nach Gräten untersuchen! Mit dem ausgedrückten Brötchen, dem Ei, der feingeraspelten Möhre und der kleingeschnittenen Zwiebel mischen. Bouletten formen, evtl. in Mehl wenden und durchbraten lassen. Den Reis in 2 Tassen Wasser weichkochen. Bouletten zerkleinern und unter den Reis mischen. Servieren. |

Dies ergibt ungefähr 6 Frikadellen. Geben Sie Ihrem Hund 3 Stück davon mit Reis und am nächsten Morgen die restlichen 3 Stück als Frühstück ohne Beigabe.

*Ich soll ja nicht an Frauchen's Essen gehn -*
*doch warum läßt Sie's einfach stehn?*
*Das Gulasch dampft und wird schon kalt.*
*Wenn sie nicht kommt, fress' ich es halt.*

# Thunfisch mit Nudeln

**Zutaten:** 1 Dose Thunfisch
120 g kleinere Nudeln
(Suppennudeln)

**Zubereitung:** Nudeln weichkochen. Den Thunfisch unter die noch warmen Nudeln mischen und servieren.

Ein schnell gemachtes Gericht!

Menüe
vegetarisch

# VEGETARISCHE GERICHTE

## Nudeln mit Linsen

**Zutaten**

1 Suppentasse Linsen
1 Brühwürfel
120 g Nudeln

**Zubereitung:**

Linsen am Vorabend in Wasser einweichen. Über Nacht quellen lassen. Mit Wasser bedeckt in ca. 35 Minuten weichkochen. Den Brühwürfel beifügen. Die gekochten Nudeln untermischen, auskühlen lassen und servieren.

Dieses preiswerte Gericht ist für jeden Hund ein begehrter Leckerbissen.

*Warum sagt mein Frauchen nur,*
*ich soll Diät machen?*

# Nudeln mit Erbsen und Möhren

**Zutaten:**

3 Möhren
1 kleine Dose Erbsen
120 g Suppennudeln
1/2 Gemüsebrühwürfel

**Zubereitung:**

Möhren kleinschneiden und in wenig Margarine dünsten. Danach mit 1/2 Tasse Wasser ablöschen. Wenn die Möhren gar sind, Erbsen dazuschütten und pürieren. Mit dem Brühwürfel würzen. Die Nudeln kochen und dazugeben. Servieren.

*Wie zieh' ich mir am besten die*
*Spaghetti rein?*

# Nudeln mit Tomatensauce

**Zutaten:** 150 g Nudeln
1 Päckchen Tomatensauce (Pulver)
Petersilie gehackt
nach Bedarf Tomatenpürée aus der Tube

**Zubereitung:** Nudeln kochen. Tomatensaucenpulver in 1/4 l Wasser einstreuen, aufkochen. Über die Nudeln gießen. Petersilie und Tomatenpürée zugeben. Evtl. noch etwas Käse darüberreiben.

*Wir warten nur noch auf unser Betthupferl*

# Gebratene Nudeln mit Ei und Zwiebel

**Zutaten:**

125 g Nudeln
1 Ei
2 Eßlöffel Milch
1 große Zwiebel
1 1/2 Eßlöffel Sonnenblumenöl

**Zubereitung:** Nudeln kochen und gut abtropfen lassen. In einer Pfanne Öl heißmachen, die Nudeln dazugeben. Das Ei mit der Milch verschlagen, etwas salzen und über die Nudeln geben. In einer anderen Pfanne die gehackte Zwiebel in Öl goldbraun braten und unter die Nudeln mischen. Servieren.

gŭten
Appetit

# Panierte Auberginen-Schnitzel

**Zutaten:**

1 mittelgroße Aubergine
2 Eier
Salz und Kräutersalz
1 Knoblauchzehe
Brösel zum Panieren
1 Eßl. Olivenöl
1 Eßl. Sonnenblumenöl

**Zubereitung:** Die Aubergine in 1/2 cm dicke Scheiben schneiden. Mit Kräutersalz bestreuen. In einem Suppenteller die Eier verschlagen, salzen und die Knoblauchzehe hineindrücken. Auf einen flachen Teller die Brösel geben. Die Auberginenscheiben nacheinander erst in dem Ei wenden, dann in den Bröseln wälzen. In einer großen Bratpfanne das Öl heißmachen. Das panierte Gemüse darin von beiden Seiten auf kleiner Flamme herausbacken. Servieren Sie etwas Reis dazu. Was übrig bleibt, kann auch kalt zum Frühstück gegeben werden.

*Das Essen war wieder mal so gut,*
*daß es mich glatt umgehauen hat*

# Gemüse-Pfannkuchen

**Zutaten:**

1 Möhre oder
1 kleiner Zucchino oder
1/2 entkernte Gurke
1 Zwiebel
Sonnenblumenöl
2 Suppentassen Vollkornmehl
1 Ei
Milch
Öl zum Braten

**Zubereitung:**

Gemüse im Zwiebelhacker fein raspeln und die Zwiebel fein würfeln. Beides in dem Sonnenblumenöl in einer Bratpfanne 5 Minuten dünsten. Aus dem Mehl, Milch und Ei einen Pfannkuchenteig machen. Das gedünstete Gemüse in den Teig geben.

In derselben Pfanne, in der Sie das Gemüse gedünstet haben, ein paar Pfannkuchen herausbacken. Zerschneiden und servieren.

Was übrig bleibt, gibt ein gesundes, schmackhaftes Frühstück für den nächsten Tag.

*Wenn Frauchen aus dem Haus ist,*
*geht die Sause ab*

# Kartoffelbrei, gebratene Zucchini

**Zutaten:**
4 große Kartoffeln
Milch
Margarine
1 großer Zucchino
1 Eßlöffel Zitronensaft

**Zubereitung:** Pellkartoffeln pellen und pürieren. Margarine heißmachen, Kartoffeln zufügen und die Milch angießen. Mit dem Schneebesen gut durchschlagen. Zucchino in Scheiben schneiden. In wenig Öl auf beiden Seiten goldbraun braten. Zitronensaft zugeben. Die Gemüsescheiben einmal in der Mitte durchschneiden und auf dem Kartoffelbrei verteilen. Sehr gut auskühlen lassen und servieren.

*Zu fettes Essen ist nicht gut*
*nicht für's Herz und nicht für's Blut.*

*S' war heut wieder mal zu fett,*
*deshalb lieg ich nun im Bett.*

*Auch fehlen Vitamine mir und Spurenelemente*
*der Onkel Doktor sagt, ich sei wie eine lahme Ente.*

## Sauerkraut mit Spätzle

**Zutaten:**
120 g Spätzle
120 g Sauerkraut
1 Apfel
Sonnenblumenöl
flüssiges Zwiebelgewürz

**Zubereitung:** Die Spätzle weichkochen. Das Sauerkraut mit dem kleingeschnittenen Apfel 10 Minuten in dem Öl dünsten und unter die Spätzle mischen. Mit Zwiebelgewürz abschmecken und servieren.

*»Das Wettessen«*

*»Schnellessen« - so heißt heut' das Motto.*
*Der Preis ist schöner als im Lotto.*

*Der Sieger in der letzten Runde*
*bekommt 'nen Schmatz*
*von Cocker-Dame Kunigunde.*

# Kraut-Soja-Frikadellen

**Zutaten:**

100 g Soja-Granulat (Reformhaus)
gekörnte Hefebrühe (Reformhaus)
1 eingeweichtes Brötchen
1/2 kleiner Kopf Weißkohl
1 Ei
Salz und Kräutersalz
1 Eßl. Bierhefeflocken

**Zubereitung:**

Sojagranulat nach Packungsvorschrift in Wasser, dem man 1 Teelöffel Hefebrühe zugefügt hat, einweichen. 10 Minuten quellen lassen. In der Zwischenzeit die Weißkohlblätter fein hacken und in wenig Öl weichdünsten. Das Sojagranulat und das eingeweichte Brötchen mit den Händen gut ausdrücken und mit dem Kraut mischen. Das Ei, Kräutersalz, Salz und Bierhefeflocken unterrühren.

Frikadellen formen und in Öl langsam von jeder Seite braten.

Dies ergibt ungefähr 6 Frikadellen. Sicher bleibt eine zum Frühstück für den nächsten Tag übrig.

*Die Topfgucker*

# Soja-Gulasch mit Zwiebeln

**Zutaten:**

1 Paket Soja-Würfel (Reformhaus)
1 Hefebrühwürfel oder Gemüsebrühwürfel
2 große Zwiebeln
Öl zum Anbraten
Wasser zum Einweichen
Bratensauce aus der Tube

**Zubereitung:**

Die Soja-Würfel nach Packungsvorschrift einweichen. Den Brühwürfel dem Wasser beigeben. Nach der Einweichzeit die Sojawürfel mit beiden Händen gut ausdrücken. Die heraustropfende Flüssigkeit im Einweichwasser auffangen.

In einem Topf Öl heißmachen. Die gehackte Zwiebel dazugeben. 3 Minuten anbraten.

Die Sojawürfel zugeben und ca. 8 Minuten unter Rühren mit anbraten. Mit dem Einweichwasser löschen. Bratensauce aus der Tube hineindrücken. Abkühlen und servieren. Diese Menge können Sie in 2 Mahlzeiten aufteilen, indem sie jede Portion noch mit Reis, Nudeln oder Flocken mischen.

Dies ist eine äußerst gesunde Mahlzeit, da sie das hochwertige Pflanzeneiweiß der Sojabohne, kein Cholesterin und kaum Fett enthält.

Für meine Hunde war und ist es ein Leckerbissen.

*Da sollen Vitamine drin sein?*
*Ich seh' gar keine.*

# Hafer-Möhrensuppe

**Zutaten:**

2 mittelgroße Möhren
Sonnenblumenöl
6 Eßlöffel Haferschrot aus dem Bioladen
1 Eßlöffel Bierhefeflocken
1/2 l Gemüsebrühe (Würfel)
etwas Salz

**Zubereitung:**

Die Möhren fein raspeln und in dem Sonnenblumenöl einige Minuten dünsten. Den Haferschrot zu den Möhren geben. Umrühren, Gemüsebrühe angießen. Bei halbgeschlossenem Deckel 10 Minuten köcheln lassen. Die Suppe ganz leicht salzen und die Bierhefeflocken einstreuen. Ein sehr gesundes Süppchen!

*Max schnell komm essen!*

# Kartoffelsuppe

**Zutaten:** 4 mittelgroße gekochte Kartoffeln
1 mittelgroße Möhre
Knochenbrühe und
Gemüsebrühwürfel
getrocknetes Bohnenkraut
entweder Flocken oder
Suppennudeln
wenig Margarine

**Zubereitung:** In einem Topf Margarine heißmachen. Bohnenkraut dazugeben und 1 Minute dünsten. Kartoffeln pürieren und zu dem Bohnenkraut geben. Mit dem Schneebesen glattrühren. Die Knochenbrühe mit dem Brühwürfel dazugeben und gut durchrühren. Nun kann man Flocken hineingeben oder eine Handvoll gekochte Nudeln. Am Schluß die geraspelte Möhre.

Dies ist eine geschmacklich sehr feine Mahlzeit, die von allen Hunden geliebt wird.

Wenn's mal ganz schnell gehen muß, hilt Fertigpürée, das sofort mit einem Schneebesen in die Knochenbrühe eingerührt wird.

*Welch fantastische Gerüche*
*kommen aus der Futterküche!*

*Frauchen hat mein Steak gegart*
*und mit Knoblauch nicht gespart.*

# Ein Lob dem Knoblauch

Sie werden überrascht sein, wie gerne Ihr Hund den Geruch und Geschmack von Knoblauch hat. Deshalb nachfolgend 3 Rezepte mit Knoblauch. Vorher aber noch eine kleine wahre Begebenheit, die auch mit Knoblauch zu tun hat.

Ich ging in ein sehr bekanntes, vegetarisches Restaurant im Schwarzwald. Als charmanten Begleiter nahm ich meinen Doggen-Mischling Dickie mit. Man servierte mir eine Platte mit gebratenen Zucchinischeiben. Ein herrlicher Duft von Knoblauch zog in meine Nase. Aber nicht nur in meine. Ich kam gar nicht erst dazu, einen ersten Bissen zu nehmen, da sich Dickie blitzschnell erhob, mit den Vorderpfoten auf den Stuhl stieg und mit einem Zungenschlag die Platte putzte. In diesem Augenblick kam die Chefin des Restaurants auf mich zu und mein Gedanke war: „wie peinlich, - oh wie peinlich, sie hat alles gesehen". Zu meiner totalen Überraschung hörte ich sie sagen: „Soll ich ihm noch eine Platte davon bringen, wenn es ihm so geschmeckt hat?" Ich winkte bescheiden ab und man brachte eine neue Platte, die diesmal für mich sein sollte. Aber es kam anders. Derselbe Knoblauchgeruch. Dickie erhob sich blitzartig, stieg mit den Vorderpfoten auf den Stuhl und na ... Sie wissen schon. Das Gelächter an den Nebentischen war groß. Beim dritten Anlauf bekam ich die Zucchinischeiben ganz für mich alleine.

*Frauchen sagt: Pfoten weg von*
*gekochten oder gebratenen Knochen -*
*zu gefährlich für Magen und Darm.*

*Oft schon hat ein böser Knochen*
*Bello in den Darm gestochen.*

*Deshalb ist es anzuraten:*
*raus die Knochen aus dem Braten.*

# Zucchini oder entkernte Gurke mit Knoblauch und Vollkornreis

**Zutaten:**

1 großer Zucchino oder Gurke
1 1/2 Eßlöffel Olivenöl oder Sonnenblumenöl
1 Knoblauchzehe
1 Suppentasse ungeschälter Vollkornreis
1 Eßl. Bierhefeflocken = 5 g (Reformhaus)

**Zubereitung:**

Den Reis in reichlich Wasser auf ganz kleiner Flamme pappig kochen. Den Zucchino oder die halbierte entkernte Gurke in Scheiben schneiden. In einer Pfanne Sonnenblumenöl oder Olivenöl erhitzen und die Knoblauchzehe durch die Knoblauchpresse hineindrücken. Die Gemüsescheiben dazugeben und von jeder Seite bei mittlerer Hitze goldbraun anbraten. Jede Scheibe einmal in der Mitte durchschneiden. Den gegarten Reis mit den Bierhefeflocken zu dem Gemüse in die Pfanne geben. Sehr gut mischen, abkühlen und servieren.

*Vitamine, Vitamine,*
*Mineralien, Proteine.*

*Frauchen sagt, das ist gesund;*
*sie schluckt es selbst und gibt's dem Hund.*

*Ich kann das alles nicht verstehn -*
*ham Sie schon mal ein Vitamin gesehn?*

# Nudeln in Sonnenblumenöl mit Knoblauch und Gemüse

**Zutaten:**
125 g kleinere Nudeln
1 1/2 Eßlöffel Sonnenblumenöl
1 kleinere Knoblauchzehe
Gemüsereste

**Zubereitung:**
Die Nudeln in Salzwasser kochen. In einer Pfanne das Öl erhitzen und die Knoblauchzehe durch die Presse hineindrücken. 2 Minuten anbraten. Die gekochten, sehr gut abgetropften Nudeln und das Gemüse dazugeben und gut mit dem Öl vermischen. Abkühlen lassen und servieren.

Kochen Sie dieses Gericht einmal wenn Bello Verstopfung hat und nehmen Sie dann 3 Eßlöffel Öl statt nur 1 1/2. Oft kann sich der Hund schon ein paar Stunden danach lösen.

*Ein paar Tropfen von Frauchen's Parfum*
*»Blütenrausch«*
*hinter die Schlappohren*
*und der Knoblauchgeruch ist weg.*

# Bratkartoffeln mit Knoblauch

**Zutaten:**

4-5 mittelgroße Kartoffeln (Pellkartoffeln)
1 mittelgroße Zwiebel
1 Knoblauchzehe
Sonnenblumenöl

**Zubereitung:**

Die Kartoffeln kochen, pellen und in dünne Scheiben schneiden. Etwas auskühlen lassen. Die Zwiebel fein schneiden. In einer Bratpfanne Sonnenblumenöl erhitzen und die Kartoffelscheiben, die Zwiebel und eine ausgepreßte Knoblauchzehe hineingeben. Solange braten, bis die Kartoffeln goldbraun sind.

Dies ist mein sog. Verlegenheitsrezept. Es ist schon vorgekommen, daß ich mit den Hunden nach längerer Abwesenheit Zuhause ankam und nichts Eß- und Freßbares vorfand. Auch war keine Gelegenheit, noch schnell einzukaufen. Ein Blick in die Vorräte: gottseidank hat's wenigstens Kartoffeln und der Knoblauch hängt auch noch da.

Der Anblick des bratkartoffelschmatzenden Hundes hat meinen Mann zu der Bemerkung veranlaßt: „Bratkartoffeln hat er nun - jetzt besorg' ich ihm noch ein Verhältnis".

*Eine ganz große Gourmet-Küche*

*Unsere Köchin ist die Beste*

*Diese Küche verdient 3 Sterne*

*Ein Hoch auf unsere Köchin*

*Einfach köstlich!*

*Fantastisch, diese Auswahl*

# Kleine Frühstücksgerichte

2 warme Toastbrotschnitten mit Leberwurst

2 Vollkornbrotschnitten mit Blutwurst

Magerquark mit zerdrückter Banane

Milchreis mit 1 Löffel Honig und einem
kleinen Becher Fruchtjoghurt

Haferflocken in warmer Milch, 1 Eßl. Honig,
Quark oder Joghurt

Zwieback in warmer Milch, 1 Eßl. Honig, Quark,
Joghurt oder Hüttenkäse

Warme Knochenbrühe mit Haferflocken
(gut gekocht) oder feingewalzte Hundeflocken

1-2 Pfannkuchen

Cornflakes mit Milch und Fruchtjoghurt

*Kuchen, Cremes und Sahnetorten -*
*alles furchtbar ungesund!*
*Hoffentlich nur für den Menschen*
*und nicht etwa für den Hund!*

# EIN PAAR ERNÄHRUNGSTIPS FÜR DEN KRANKEN HUND

## Durchfall

Bei Durchfall ohne Fieber, von welchem jeder Hund schnell einmal geplagt werden kann, gebe ich nach einem Hungertag mit Flüssigkeitsangebot (wichtig!) 2 Tage lang nur folgende Kost:

weichgekochten Reis mit Magerquark
oder
weichgekochten Reis mit gekochtem Hühnerfleisch
oder
gekochtes Hühnerfleisch mit in Salzwasser gegarten Möhren

Als Getränk bekommt der Hund schwarzen Tee mit etwas Salz. Die meisten Hunde weigern sich, schwarzen Tee zu trinken. In diesem Fall fülle ich eine Spritze mit dem lauwarmen Tee, ziehe die untere Lefze mit der Hand etwas auf und spritze den Tee vorsichtig in die Backe. Nicht in den Rachen spritzen, sonst kann sich der Hund verschlucken.
1-2 aufgelöste Kohlekompretten in die Backentasche gespritzt unterstützen die Heilung.
Geben Sie dazu täglich 2 mal etwas Joghurt. Durch die Milchsäurebakterien im Joghurt wird die Darmflora günstig beeinflußt.
Bei länger anhaltendem Durchfall natürlich zum Arzt gehen.

# Verdauungsstörungen

Bei dieser Magen-Darm-Störung, die sich durch Erbrechen, Durchfall und Appetitlosigkeit anzeigt, darf keine schwer verdauliche Nahrung gegeben werden, keine Kohlenhydrate und auch kein schwer verdauliches Eiweiß, wie Knorpel oder Sehnen. Es muß auf die richtige Menge von Ballaststoffen geachtet werden. Günstig, wie auch bei uns Menschen, ist eine Gabe von Weizenkleie. Mehrere kleine Mahlzeiten am Tag geben und dabei den Salzgehalt leicht erhöhen.

Günstig wirkt sich auch ein Nahrungsentzug für 1-2 Tage aus. Dabei nur Kamillentee geben. Wenn dieser vom Hund nicht genommen wird, mit einer Spritze langsam in die Backe spritzen, wobei man die untere Lefze etwas aufzieht.

In meiner Hunde-Hausapotheke habe ich stets ein Milchsäurebakterien-Präparat stehen, von welchem ich 3 mal täglich einen Teelöffel verabreiche. Dies kann ruhig über einen Zeitraum von 2-3 Wochen erfolgen.

Bei länger anhaltender Magen-Darm-Störung natürlich zum Arzt gehen.

# Verstopfung

Wenn einer meiner Hunde sich beim Häufchenmachen abquält, gebe ich ihm entweder Paraffinöl, welches eine gute Schmierwirkung hat und nicht verdaut wird wie Speiseöl. Sehr gut ist natürlich auch Rizinusöl, das im 2 Stunden-Abstand verabreicht werden kann. Sollten Sie dies bei Bedarf gerade nicht in der Hunde-Hausapotheke haben, so können Sie Ihrem Hund auch ausnahmsweise einmal etwas flüssige oder geschlagene Schlagsahne geben. Oft hilft dies noch am gleichen Tag. Auch Pansen kann den zu harten Kot wieder weich machen. Bei länger anhaltender Verstopfung natürlich zum Tierarzt gehen.

Eine schlimme Verstopfung kann durch den sog. Knochenkot entstehen. Der Knochenkot setzt sich im Enddarm fest und der Gang zum Tierarzt ist unumgänglich. Um auf Nummer Sicher zu gehen, geben Sie Ihrem Hund nur ab und zu einen großen, rohen Knochen (Kalbs- oder Rinderbein) zum Knabbern. Knochenknabbern hilft bei zu dünnem Stuhl.

*Schnell nach Hause, das Essen ist fertig*

# Haut-Allergie

Die Anzeichen für eine Haut-Allergie sind Hautrötung, Nesselausschlag und Juckreiz. Aber nur der Tierarzt kann eine genaue Diagnose stellen. Achten Sie darauf, daß er eine Ultraviolett-Lampe zur Untersuchung nimmt. Nur mit dieser Hilfe erkennt er garantiert Pilzbefall (fluorisziert).

Bei meinem Leonberger Hund Kaspar, der sehr zu Haut-Allergien neigte, habe ich auf Rat des Tierarztes hin mit folgenden Mitteln und Diäten guten Erfolg gehabt: ich verabreichte Kaspar täglich 1 Eßlöffel Speiseleinöl. Dieses enthält ungesättigte Fettsäuren, welche sich sehr günstig auf die Haut auswirken, ebenso gegen Haarausfall, Hautschuppen und brüchige Nägel wirksam sind. Auch Bierhefeflocken, die durch ihren Vitamin B1-Gehalt für eine gute Durchblutung der Haut sorgen, sollten Sie täglich ins Futter geben.

Als Nahrung bekam mein Hund nur

weichgekochten Reis mit Hüttenkäse
plus 1 Eßlöffel Leinöl plus 1 Eßlöffel
Bierhefeflocken

oder

weichgekochten Reis mit Magerquark
plus 1 Eßlöffel Leinöl plus 1 Eßlöffel
Bierhefeflocken

zusätzlich, als Betthupferl, ein Stück
Trockenfleisch (Zoogeschäft)

Zur äußeren Anwendung habe ich die betroffenen Hautstellen, nachdem ich zuerst vorsichtig die Haare abgeschnitten habe, mit Essigwasser - 1 Tasse Essig auf 1 l Wasser - abgetupft.

# Diätrezeptur

1 Paket Naturreis (mit Silberhäutchen) mit 3 1/2 Liter Wasser und einem Teelöffel jodiertem Salz aufkochen, auf kleiner Heizstufe 1-1 1/2 Stunden köcheln lassen, bis die Oberfläche glasig und leicht schleimig ist. Öfter umrühren! Eventuell Asbestplatte unterlegen, um Ansetzen zu verhindern. Reis in drei gleiche Portionen für drei Tage teilen und im Kühlschrank die Einzelportionen in geschlossenen Plastikdosen aufbewahren.

Zutaten:

1 Tag: 250 g Magerquark, 2 Eßl. Traubenzucker, 1 Eßl. Honig

2. Tag: 250 g gekochte und passierte Möhren, 1 Ei, zum Würzen Maggi, Zwiebel und Knoblauch flüssig.

3. Tag: 1/2 Liter Magerfruchtjoghurt, 2 Eßl. Traubenzucker.

Zutaten jeweils gut mit dem Reis mischen und die Mahlzeit **handwarm** füttern! In den darauffolgenden Tagen die gleichen drei Mahlzeiten wechselseitig weiterfüttern, am besten abends.

Ein wichtiger Hinweis! Die gleiche Diät ist ideal zum Abspecken von Hündinnen vor dem Decken oder von zu dick gewordenen Hunden. Die Hunde können sich dabei „ein Ränzchen anfressen" und werden trotzdem schlanker! Als Betthupferl gibt es zur Ergänzung ein Stück Trockenfleisch.

Ist die Hautallergie eine Folge von Stoffwechselstörungen, verschwinden die Symptome im Laufe der ersten 14 Tage oder lassen stark nach, ohne jede

andere Behandlung. Um nun festzustellen, auf welches Futter Ihr Hund allergisch reagiert, füttern Sie jetzt jeden zweiten Tag ein Futter, das Sie vor der Erkrankung gaben. Wenn nach 14 Tagen kein Rückfall eingetreten ist, probieren Sie genau so ein zweites, normales Futter aus. So können Sie ohne zusätzliche Kosten selbst feststellen, was Ihrem Hund nicht bekommt. Ihrem Tierarzt hilft Ihre Beobachtung bei der Diagnose und eventuell notwendigen Behandlungen.
Aus eigener Erfahrung mit einer an Altersstoffwechselstörung erkrankten Hündin kann ich berichten, daß diese fit und satt mit glänzendem Fell noch zwei Jahre lebte, nachdem jede äußere Behandlung nicht mehr anschlug. Bei dem Alternativvorschlag des Tierarztes, entweder Einschläfern oder diese Fütterung, plus jeden zweiten Tag eine Tablette Prednison, hatten wir uns für Letzteres entschieden.

Denken Sie auch daran, daß einige Mittelchen, die Sie in Ihrer eigenen Hausapotheke haben, ebenso für Bello geeignet sind. Z.B. Rizinusöl oder Paraffinöl bei Verstopfung. Kohlekompretten bei Durchfall. Aber meiden Sie Medizin, die für uns Menschen bestimmt ist, es sei denn, der Tierarzt verordnet sie. Es gibt Medikamente, die für den Hund tödlich sind! Sicher haben Sie auch Olivenöl in Ihrer Küche - nehmen Sie etwas mehr davon zum Kochen wenn Bello Verstopfung hat. Weizenkleie bei Magen-Darm-Störung. Kohletabletten bei Durchfall.

*Bei meinem Frauchen ist der Hund der Hahn im Korb.*

# Übergewicht durch Überfütterung

Ich muß es zugeben: ich habe meinen freßsüchtigen Hansel, welcher halbverhungert im Wald angebunden gefunden wurde, anfangs auch überfüttert. Er legte sehr schnell an Gewicht zu - viel schneller als er es nachher wieder verlor. Dieser Fehler gehört aber der Vergangenheit an.

Sollten Sie einmal gegen die überflüssigen Pfunde Ihres Vierbeiners zu kämpfen haben, so kann ich Ihnen ein paar Tips geben, mit denen Sie sicher Erfolg haben werden:

Wiegen sie Ihren Hund und lassen Sie den Tierarzt feststellen, welches Normalgewicht er haben sollte. Verteilen Sie die reduzierte Futtermenge auf mehrere kleine Mahlzeiten.

Hier einige Rezepte, in denen keine Fette enthalten sind und die mit Sicherheit das Gewicht reduzieren:

1. Gekochtes mageres Fleisch mit ungeschältem Naturreis und Zwiebelgewürz
2. Gekochtes mageres Fleisch mit Magerquark vermischen
3. Gekochtes mageres Fleisch mit gedämpften Möhren
4. Gekochtes Hühnerfleisch mit ungeschältem Naturreis und geraspelten Möhren
5. Gekochter Fisch mit blanchierten Zucchinischeiben
6. Gekochter Fisch mit weichgekochtem Reis
7. Hüttenkäse mit weichgekochtem Reis
8. Kutteln vom Fleischer (fertig gekocht)
9. Lunge gekocht mit ungeschältem Naturreis und Zwiebelgewürz
10. Soja-Gulasch, Rezept S. 87
11. Zusätzlich als Betthupferl ein Stück Trockenfisch (Zoogeschäft)

Dazu wird Ihnen der Tierarzt noch Multivitaminpräparate und Mineralstoffe verordnen.

# Der besondere Rat

Zum Schluß möchte ich Ihnen noch einen Tip geben, der zwar nichts mit Kochrezepten und Ernährung zu tun hat, der aber jedem Hundebesitzer auf einem anderen Gebiet sehr nützlich sein kann:
Wenn Sie einmal in die Lage kommen, Ihrem Hund einen Verband anlegen zu müssen an einer Stelle, an der er ihn sich selbst wieder abbeißen und wegzerren kann, so legt ihm der Tierarzt meist einen Trichterkragen an. Dieser wird vom Hund als sehr lästig empfunden. Sie können Ihrem Hund diesen Trichter in vielen Fällen ersparen, indem Sie folgendes tun:
Sie behandeln die Wunde wie vom Tierarzt verordnet und wickeln um den ganzen Körper des Hundes ein Tuch oder Handtuch. Auf dieses Tuch kleben Sie um den ganzen Körper ein 5 cm breites Postpaket-Klebeband; genau so ein braunes, kräftiges Klebeband, welches Sie zum Verpacken Ihrer Pakete benutzen.
Jeder Verband hält so dem Zerren und Reißen des stärksten Gebisses stand und der Hund kann nicht an der Wunde lecken. Für Sie aber ist es leicht, diesen Verband zum Wechseln wieder abzumachen.

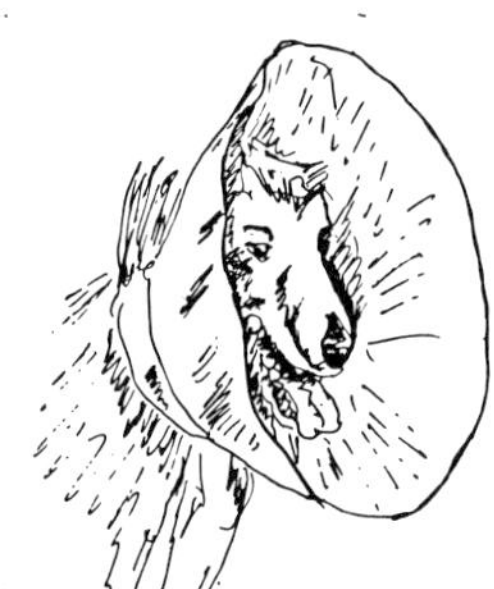

*Ich finde, der Kragen macht mich alt!*